სკოლა - l'école 2
მოგზაურობა - le voyage 5
ტრანსპორტი - le transport 8
ქალაქი - la ville 10
ლანდშაფტი - le paysage 14
რესტორანი - le restaurant 17
სუპერმარკეტი - le supermarché 20
დასალევი - les boissons 22
საჭმელი - l'alimentation 23
ფერმა - la ferme 27
სახლი - la maison 31
მისაღები ოთახი - le salon 33
სამზარეულო - la cuisine 35
აბაზანა - la salle de bain 38
საბავშვო ოთახი - la chambre d'enfant 42
ტანსაცმელი - les vêtements 44
ოფისი - le bureau 49
ეკონომიკა - l'économie 51
პროფესიები - les professions 53
იარაღები - les outils 56
მუსიკალური ინსტრუმენტები - les instruments de musique 57
ზოოპარკი - le zoo 59
სპორტი - les sports 62
მოქმედებები - les activités 63
ოჯახი - la famille 67
სხეული - le corps 68
საავადმყოფო - l'hôpital 72
გადაუდებელი შემთხვევა - l'urgence 76
დედამიწა - la terre 77
საათი - ...heure(s) 79
კვირა - la semaine 80
წელი - l'année 81
ფორმები - les formes 83
ფერები - les couleurs 84
საპირისპიროები - les oppositions 85
რიცხვები - les nombres 88
ენები - les langues 90
ვინ / რა / როგორ - qui / quoi / comment 91
სად - où 92

Impressum
Verlag: BABADADA GmbH, Nedderfeld 112 , 22529 Hamburg
Geschäftsführer / Verlagsleitung: Harald Hof
Druck: Books on Demand GmbH, In de Tarpen 42, 22848 Norderstedt

Imprint
Publisher: BABADADA GmbH, Nedderfeld 112 , 22529 Hamburg, Germany
Managing Director / Publishing direction: Harald Hof
Print: Books on Demand GmbH, In de Tarpen 42, 22848 Norderstedt

1

სკოლა

l'école

საკლასო ოთახი
la salle de classe
გაყოფა
diviser
186/2
სკოლის ეზო
la cour (de récréation)
დაფა
le tableau noir
მასწავლებელი
le professeur
ქაღალდი
le papier
წერა
écrire
კალამი
le stylo
მაგიდა
le bureau
სახაზავი
la règle
წიგნი
le livre
მოსწავლე

ზურგჩანთა

le cartable

პენალი

la trousse

ფანქარი

le crayon

ფანქრების სათლელი

le taille-crayon

საშლელი

la gomme

ნახატების ალბომი

le carnet à dessin

ნახატი

le dessin

ფუნჯი

le pinceau

საღებავის ყუთი

la boîte de peinture

მაკრატელი

les ciseaux

წებო

la colle

სავარჯიშო რვეული

le cahier d'exercices

საშინაო დავალება

les devoirs

ნომერი

le chiffre

2+2

დამატება

additionner

გამოკლება

soustraire

გამრავლება

multiplier

გამოთვლა

calculer

A

წერილი

la lettre

ABCDEFG
HIJKLMN
OPQRSTU
VWXYZ

ანბანი

l'alphabet

სიტყვა

le mot

ტექსტი

le texte

წაკითხვა

lire

ცარცი

la craie

გაკვეთილი

la leçon

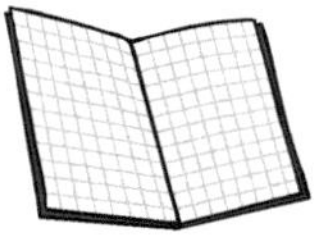

რეგისტრაცია

le livre de classe

გამოცდა

l'examen

სერტიფიკატი

le certificat

სკოლის ფორმა

l'uniforme scolaire

განათლება

la formation

ენციკლოპედია

le lexique

უნივერსიტეტი

l'université

მიკროსკოპი

le microscope

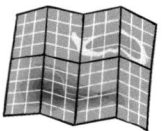

რუკა

la carte

კალათა ნარჩენი
ქაღალდებისათვის

la corbeille à papier

მოგზაურობა

le voyage

სასტუმრო
l'hôtel
ჰოსტელი
l'auberge
ვალუტის გადაცვლის პუნქტი
le bureau de change
ჩემოდანი
la valise
მანქანა
la voiture

ენა

la langue

კი / არა

oui / non

კარგი

d'accord

გამარჯობა

Salut

მთარგმნელი

l'interprète

გმადლობთ

merci

რა ღირს... ?

Combien coûte...?

ვერ გავიგე

Je ne comprends pas

პრობლემა

le problème

აღამო მშვიდობისა!

Bonsoir !

დილა მშვიდობისა!

Bonjour !

ღამე მშვიდობისა!

Bonne nuit !

ნახვამდის

Au revoir

მიმართულება

la direction

ბარგი

les bagages

ჩანთა

le sac

ზურგჩანთა

le sac-à-dos

სტუმარი

l'hôte

ოთახი

la pièce

საძილე ტომარა

le sac de couchage

კარავი

la tente

ურისტული ინფორმაცია

l'office de tourisme

სანაპირო

la plage

საკრედიტო ბარათი

la carte de crédit

საუზმე

le petit-déjeuner

ლანჩი

le déjeuner

ვახშამი

le dîner

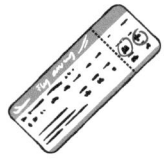

ბილეთი

le billet

ლიფტი

l'ascenseur

საფოსტო მარკა

le timbre

საზღვარი

la frontière

საბაჟო

la douane

საელჩო

l'ambassade

ვიზა

le visa

პასპორტი

le passeport

ტრანსპორტი
le transport

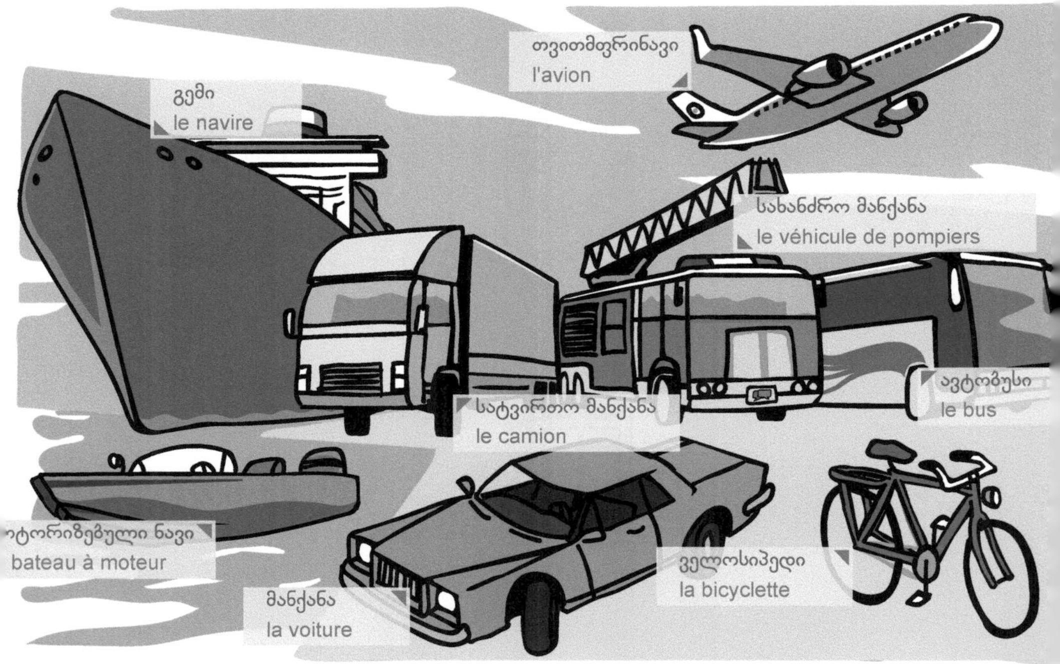

თვითმფრინავი
l'avion
გემი
le navire
სახანძრო მანქანა
le véhicule de pompiers
ავტობუსი
le bus
სატვირთო მანქანა
le camion
ოტორიზებული ნავი
bateau à moteur
ველოსიპედი
la bicyclette
მანქანა
la voiture

ბორანი

le ferry

ნავი

la barque

მოტოციკლი

la moto

პოლიციის მანქანა

la voiture de police

სარბოლო მანქანა

la voiture de course

დაქირავებული მანქანა

la voiture de location

მანქანის ერთობლივი მოხმარება
l'auto-partage

საბუქსირე მანქანა
la voiture de remorquage

ნაგვის მანქანა
la benne à ordures

ძრავა
le moteur

საწვავი
l'essence

ბენზინგასამართი სადგური
la station d'essence

საგზაო ნიშანი
le panneau indicateur

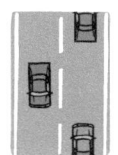

მოძრაობა
le trafic

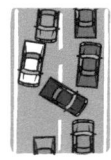

საცობი
l'embouteillage

მანქანის სადგომი
le parking

მატარებლის სადგური
la gare

ლიანდაგები
les rails

მატარებელი
le train

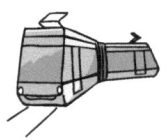

ტრამვაი
le tramway

ვაგონი
le wagon

ვერტმფრენი

l'hélicoptère

აეროპორტი

l'aéroport

კოშკი

la tour

მგზავრი

le passager

კონტეინერი

le conteneur

მუყაოს ყუთი

le carton

ურიკა

le chariot

კალათა

la corbeille

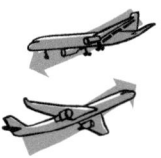

აფრენა / დაშვება

décoller / atterrir

ქალაქი
la ville

სოფელი

le village

ქალაქის ცენტრი

le centre-ville

სახლი

la maison

კინოთეატრი
le cinéma

რეკლამა
la publicité

ქუჩის ლამპიონი
le réverbère

ქუჩა
la rue

ტაქსი
le taxi

ქვეითი
le piéton

საავტო ჯიხური
le kiosque

ტროტუარი
le trottoir

ქვეითების გადასასვლელი
le passage piéton

ნაგვის ურნა
la poubelle

ჯვარედინი
le carrefour

შუქნიშანი
les feux de circulation

ქოხი
la cabane

ბინა
l'appartement

მატარებლის სადგური
la gare

მუნიციპალიტეტი
la mairie

მუზეუმი
le musée

სკოლა
l'école

ქალაქი - la ville

უნივერსიტეტი

l'université

ბანკი

la banque

საავადმყოფო

l'hôpital

სასტუმრო

l'hôtel

აფთიაქი

la pharmacie

ოფისი

le bureau

წიგნების მაღაზია

la librairie

მაღაზია

le magasin

ფლორისტი

le fleuriste

სუპერმარკეტი

le supermarché

ბაზარი

le marché

მაღაზიის განყოფილება

le grand magasin

თევზის გამყიდველი

la poissonnerie

სავაჭრო ცენტრი

le centre commercial

ნავსადგომი

le port

პარკი

le parc

გრძელი სკამი

la banque

ხიდი

le pont

კიბეები

les escaliers

მიწისქვეშა გადასასვლელი

le métro

გვირაბი

le tunnel

ავტობუსის გაჩერება

l'arrêt de bus

ბარი

le bar

რესტორანი

le restaurant

საფოსტო ყუთი

la boîte à lettres

ქუჩის ნიშანი

le panneau indicateur

პარკინგის საზომი

le parcmètre

ზოოპარკი

le zoo

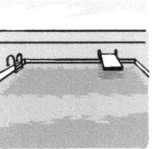

საცურაო აუზი

le réverbère

მეჩეთი

la mosquée

ფერმა

la ferme

გარემოს დაბინძურება

la pollution

სასაფლაო

la cimetière

ეკლესია

l'église

საბავშვო მოედანი

l'aire de jeux

ტაძარი

le temple

ლანდშაფტი
le paysage

ფოთოლი
la feuille

გზის მანიშნებელი ნიშანი
le panneau indicateur

გზა
le chemin

მდელო
le pré

ქვა
la pierre

ხე
l'arbre

მოგზაური
le randonneur

მდინარე
la rivière

ბალახი
l'herbe

ყვავილი
la fleur

ხეობა

la vallée

გორაკი

la montagne

ტბა

le lac

ტყე

la forêt

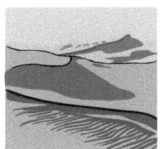

უდაბნო

le désert

ვულკანი

le volcan

ციხე

le château

ცისარტყელა

l'arc-en-ciel

სოკო

le champignon

პალმა

le palmier

კოღო

le moustique

ბუზი

la mouche

ჭიანჭველა

les fourmis

ფუტკარი

l'abeille

ობობა

l'araignée

ხოჭო
....
le coléoptère

ბაყაყი
....
la grenouille

ციყვი
....
l'écureuil

ზღარბი
....
le hérisson

კურდღელი
....
le lièvre

ბუ
....
la chouette

ფრინველი
....
l'oiseau

გედი
....
le cygne

ტახი
....
le sanglier

ირემი
....
le cerf

ცხენ-ირემი
....
l'élan

კაშხალი
....
le barrage

ქარის ტურბინა
....
l'éolienne

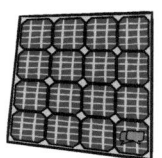

მზის ბატარეა
....
le panneau solaire

კლიმატი
....
le climat

რესტორანი

le restaurant

le serveur
მენიუ
le menu
სკამი
la chaise
სუპი
la soupe
პიცა
la pizza
დანა-ჩანგალი
les couverts
მაგიდაზე გადასაფარებელი
la nappe

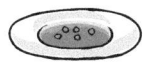

საუზმე
....
les hors d'œuvre

მთავარი კერძი
....
le plat principal

დესერტი
....
le dessert

დასალევი
....
les boissons

საჭმელი
....
l'alimentation

ბოთლი
....
la bouteille

სწრაფი კვება

le fast-food

ქუჩის საჭმელი

les plats à emporter

ჩაიდანი

la théière

საშაქრე

le sucrier

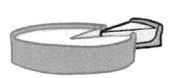

პორცია

la portion

ესპრესოს მანქანა

la machine à expresso

მაღალი სკამი

la chaise haute

ანგარიში

la facture

ლანგარი

le plateau

დანა

le couteau

ჩანგალი

la fourchette

კოვზი

la cuillère

ჩაის კოვზი

la cuillère à thé

ხელსახოცი

la serviette

ჭიქა

le verre

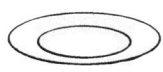
თეფში

l'assiette

სუპის თეფში

l'assiette à soupe

ჩაის ლამბაქი

la soucoupe

საწებელი

la sauce

სამარილე

la salière

წიწაკის საფქვავი

le moulin à poivre

ძმარი

le vinaigre

ზეთი

l'huile

სანელებლები

les épices

კეტჩუპი

le ketchup

მდოგვი

la moutarde

მაიონეზი

la mayonnaise

სუპერმარკეტი
le supermarché

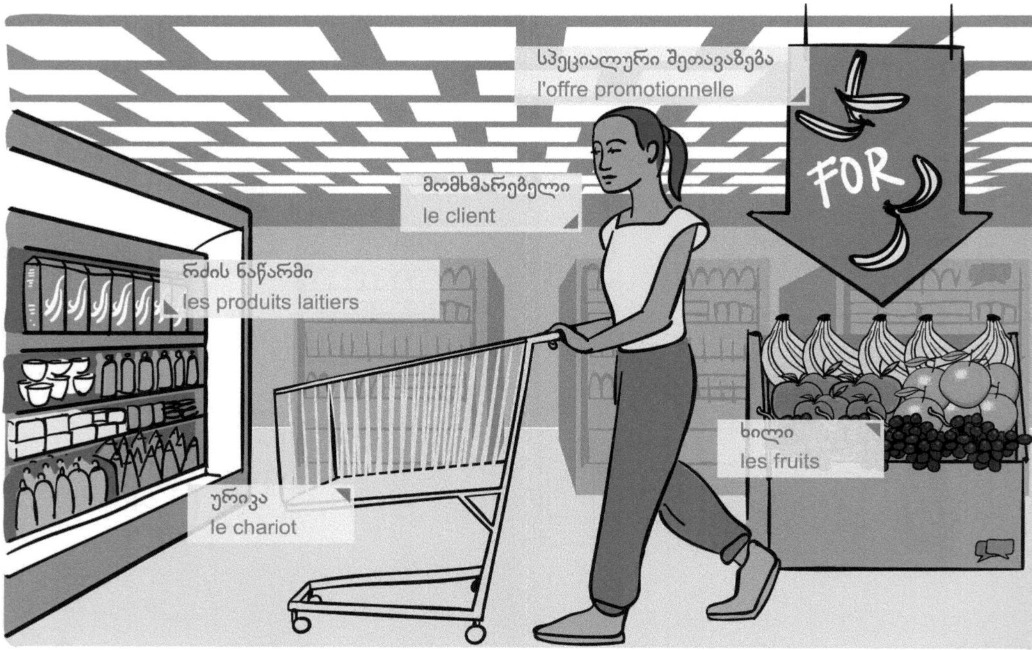

სპეციალური შეთავაზება
l'offre promotionnelle
მომხმარებელი
le client
რძის ნაწარმი
les produits laitiers
ხილი
les fruits
ურიკა
le chariot

საყასბო

la boucherie

საცხობი

la boulangerie

აწონვა

peser

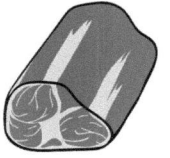

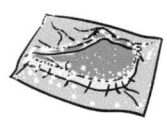

ბოსტნეული

les légumes

ხორცი

la viande

გაყინული საკვები

les aliments surgelés

გრილი ხორცი

la charcuterie

კონსერვები

les conserves

სარეცხი ფხვნილი

la poudre à lessive

ტკბილეული

les bonbons

საყოფაცხოვრებო პროდუქტები

les articles ménagers

სარეცხი საშუალებები

les détergents

გამყიდველი

la vendeuse

სალარო

la caisse

მოლარე

le caissier

საყიდლების სია

la liste d'achats

მუშაობის საათები

les heures d'ouverture

პორტმანი

le portefeuille

საკრედიტო ბარათი

la carte de crédit

ჩანთა

le sac

პლასტიკური პარკი

le sac en plastique

დასალევი

les boissons

წყალი

l'eau

წვენი

le jus de fruit

რძე

le lait

კოკა-კოლა

le coca

ღვინო

le vin

ლუდი

la bière

ალკოჰოლი

l'alcool

კაკაო

le chocolat chaud

ჩაი

le thé

ყავა

le café

ესპრესო

l'expresso

კაპუჩინო

le cappuccino

ბანანი

la banane

ვაშლი

la pomme

ფორთოხალი

l'orange

საზამთრო

le melon

ლიმონი

le citron.

სტაფილო

la carotte

ნიორი

l'ail

ბამბუკი

le bambou

ხახვი

l'oignon

სოკო

le champignon

კაკალი

les noisettes

ატრია

les pâtes

სპაგეტი

les spaghetti

ბრინჯი

le riz

სალათი

la salade

ჩიპსები

les pommes frites

შემწვარი კარტოფილი

les pommes de terre rôties

პიცა

la pizza

ჰამბურგერი

le hamburger

სენდვიჩი

le sandwich

კოტლეტი

l'escalope

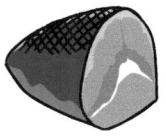

ლორი

le jambon

სალიამი

le salami

ძეხვი

la saucisse

წიწილა

le poulet

შემწვარი ხორცი

le rôti

თევზი

le poisson

შვრიის ფაფა

les flocons d'avoine

მუსლი

le muesli

სიმინდის ფანტელები

les cornflakes

ფქვილი

la farine

კრუასანი

le croissant

ბულკი

les petits-pains

პური

le pain

ტოსტი

le pain grillé

ნამცხვრები

les biscuits

კარაქი

le beurre

ხაჭო

le fromage blanc

ტორტი

le gâteau

კვერცხი

l'œuf

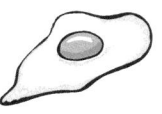

ერბო-კვერცხი

l'œuf au plat

ყველი

le fromage

ნაყინი

la glace

შაქარი

le sucre

თაფლი

le miel

ჯემი

la confiture

შოკოლადის კრემი

la crème nougat

კარი

le curry

ფერმა

la ferme

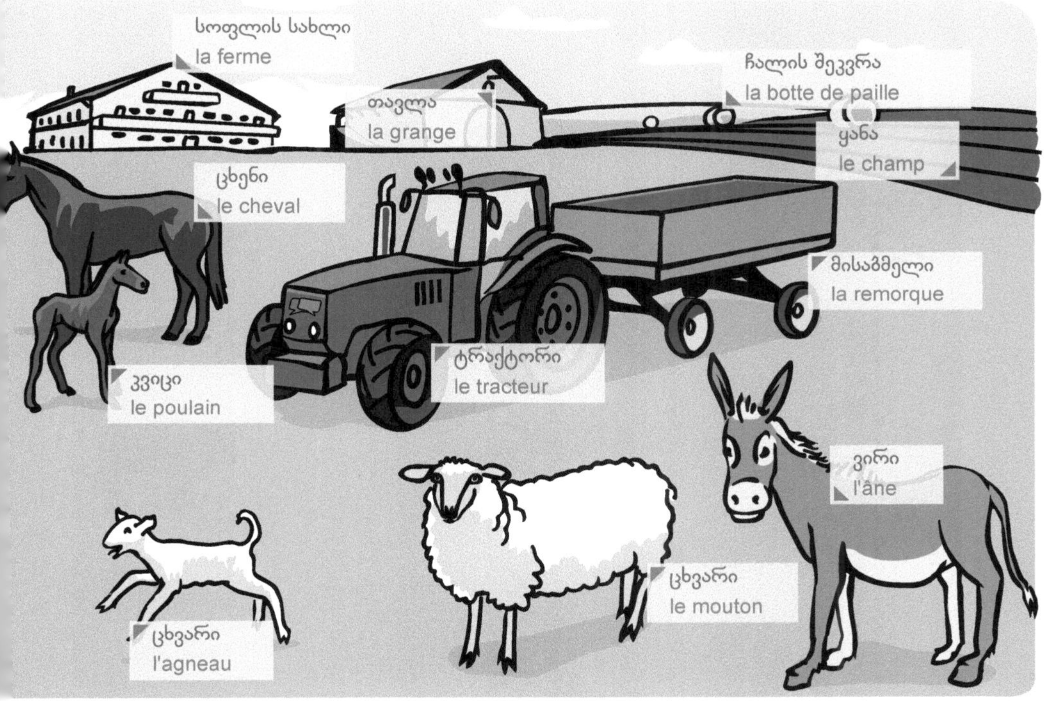
სოფლის სახლი
la ferme
თავლა
la grange
ჩალის შეკვრა
la botte de paille
ყანა
le champ
ცხენი
le cheval
მისაბმელი
la remorque
ტრაქტორი
le tracteur
კვიცი
le poulain
ვირი
l'âne
ცხვარი
le mouton
ცხვარი
l'agneau

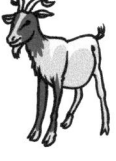

თხა

la chèvre

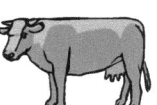

ძროხა

la vache

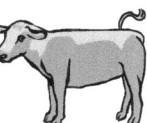

ხბო

le veau

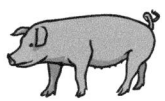

ღორი

le porc

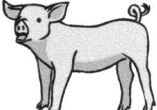

გოჭი

le porcelet

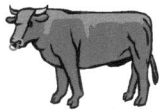

ხარი

le taureau

ბატი

l'oie

იხვი

le canard

წიწილა

le poussin

ქათამი

la poule

მამალი

. le coq

ვირთხა

le rat

კატა

le chat

თაგვი

la souris

ხარი

le bœuf

ძაღლი

le chien

საძაღლე

le chenil

ბაღის შლანგი

le tuyau de jardin

საბაღე წურწურა

l'arrosoir

ცელი

la faucheuse

გუთანი

la charrue

ფერმა - la ferme

ნამგალი

la faucille

თოხი

la pioche

პატივის სახვეტი ჩანგალი

la fourche

ცული

la hache

მაზიდი

la brouette

გობი

la cuve

რძის ბიდონი

le pot à lait

ტომარა

le sac

ღობე

la clôture

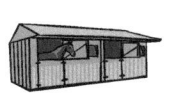

ბოსელი

l'étable

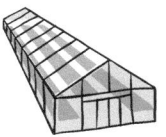

სათბური

le serre

ნიადაგი

le sol

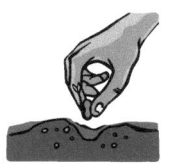

თესლი

les semences

სასუქი

l'engrais

მოსავლის ამღები კომბაინი

la moissonneuse-batteuse

მოსავლის აღება

récolter

მოსავალი

la récolte

იამი

l'igname

ხორბალი

le blé

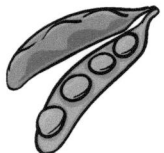

სოიო

le soja

კარტოფილი

la pomme de terre

სიმინდი

le maïs

სარეველას თესლი

le colza

ხეხილი

l'arbre fruitier

მანიოკი

le manioc

მარცვლეული

les céréales

სახლი

la maison

la cheminée
სახურავი
le toit
წყალსადინარი მილი
la gouttière
ფანჯარა
la fenêtre
ავტოფარეხი
le garage
კარის ზარი
la sonnette
კარი
la porte
ნაგვის ყუთი
la poubelle
საფოსტო ყუთი
la boîte aux lettres
ბაღი
le jardin

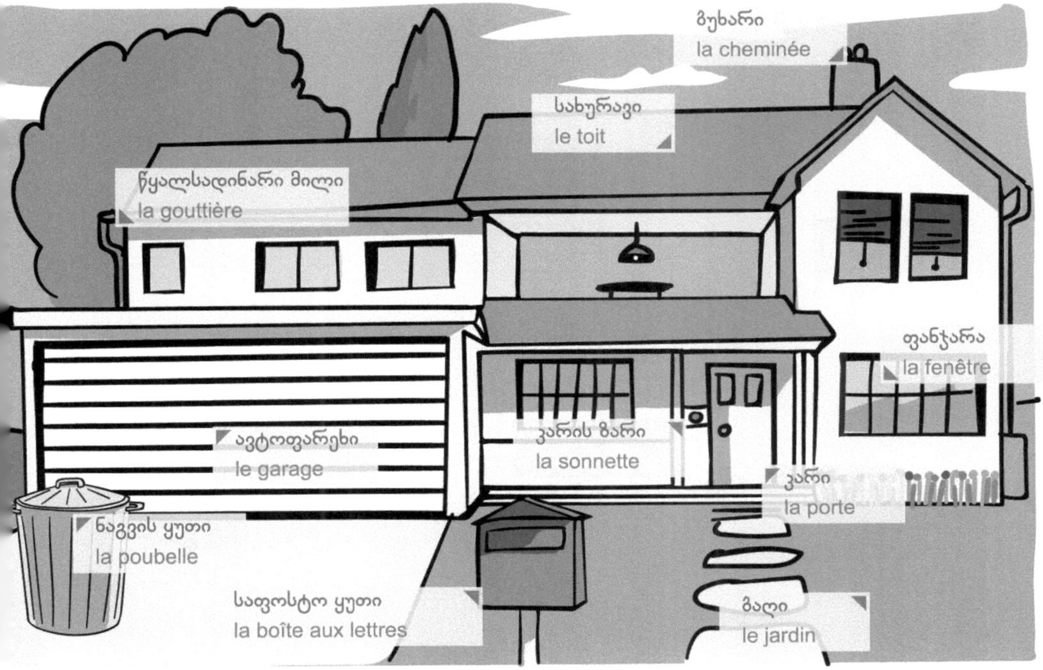

მისაღები ოთახი

le salon

აბაზანა

la salle de bain

სამზარეულო

la cuisine

საძინებელი

la chambre à coucher

საბავშვო ოთახი

la chambre d'enfant

სასადილო ოთახი

la salle à manger

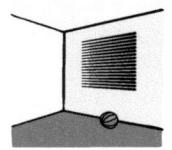

სართული

le sol

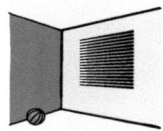

კედელი

le mur

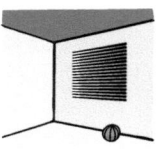

ჭერი

le plafond

სარდაფი

la cave

საუნა

le sauna

აივანი

le balcon

ტერასა

la terrasse

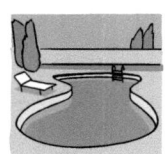

აუზი

la piscine

გაზონის საკრეჭი

la tondeuse à gazon

საბნის კონვერტი

la housse

საწოლი

la couette

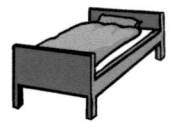

ლოგინი

le lit

ცოცხი

le balai

სათლი

le sceau

გადამრთველი

l'interrupteur

მისაღები ოთახი

le salon

le papier peint
ნახატი
l'image
ნათურა
la lampe
თარო
l'étagère
კარადა
l'armoire
ტელევიზორი
la télé
ბუხარი
la cheminée
ბალიში
le coussin
ყვავილი
la fleur
დივანი
le sofa
ვაზა
le vase
დისტანციური მართვა
la télécommande

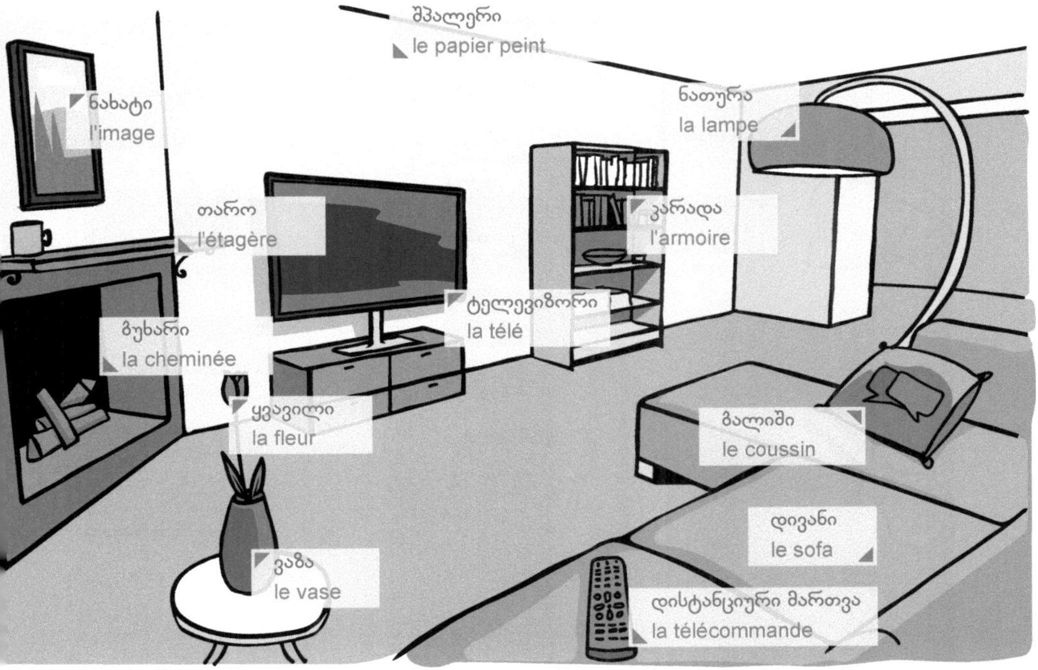

ხალიჩა

le tapis

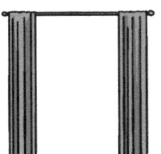

ფარდა

le rideau

მაგიდა

la table

სკამი

la chaise

სარწეველა სკამი

la chaise à bascule

სავარძელი

le fauteuil

წიგნი

le livre

საბანი

la couverture

დეკორაცია

la décoration

შეშა

le bois de chauffage

ფილმი

le film

hi-fi მოწყობილობები

la chaîne hi-fi

გასაღები

la clé

გაზეთი

le journal

ფერწერა

la peinture

პლაკატი

le poster

რადიო

la radio

ბლოკნოტი

le bloc-notes

მტვერსასრუტი

l'aspirateur

კაქტუსი

le cactus

სანთელი

la bougie

სამზარეულო
la cuisine

მაცივარი
le réfrigérateur
მიკრო-ტალღური ღუმელი
le four à micro-ondes
სამზარეულოს სასწორი
ტოსტერი
le grille-pain
სარეცხი საშუალება
le détergent
ღუმელი
le four
საყინულე
le compartiment congélateur
ნაგვის ყუთი
la poubelle
ჭურჭლის სარეცხი მანქანა
le lave-vaisselle

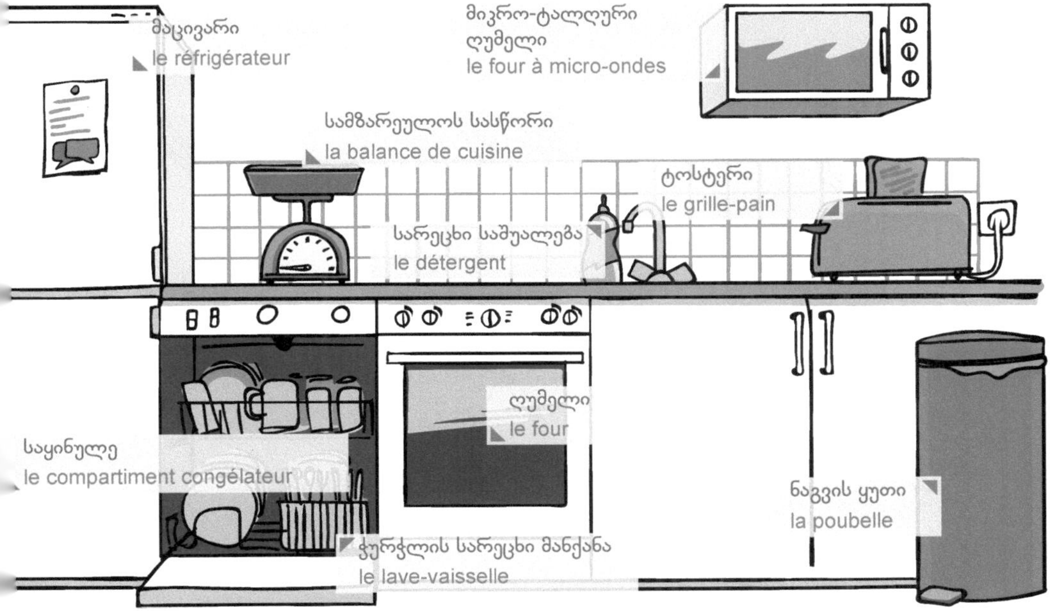

გაზქურა

le four

ქოთანი

la casserole

თუჯის ქვაბი

la marmite

ტაფა ამობერილი ფსკერით

le wok / kadai

ტაფა

la poêle

ჩაიდანი

la bouilloire electrique

ორთქლსახარში

le cuiseur vapeur

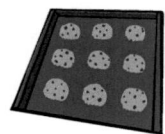

საცხობი ლანგარი

la plaque de cuisson

ჭურჭელი

la vaisselle

კათხა

le gobelet

თასი

la coupe

ჩინური ჩხირები

les baguettes

ჩამჩა

la louche

ფითხი

la spatule

სათქვეფელა

le fouet

საწური

la passoire

საცერი

le tamis

სახეხი

la râpe

სანაყი

le mortier

გრილი

le barbecue

კოცონი

la cheminée

დაფა

la planche à découper

საგორავი

le rouleau à pâtisserie

ბურღი

le tire-bouchon

ქილა

la boîte

ქილის გასახსნელი

l'ouvre-boîte

ქოთნის დამჭერი

les maniques

ნიჟარა

le lavabo

ფუნჯი

la brosse

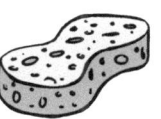

ღრუბელი

l'éponge

ბლენდერი

le mixeur

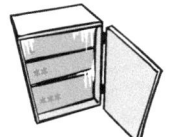

საყინულე კამერა

le congélateur

საბავშვო ბოთლი

le biberon

ონკანი

le robinet

აბაზანა
la salle de bain

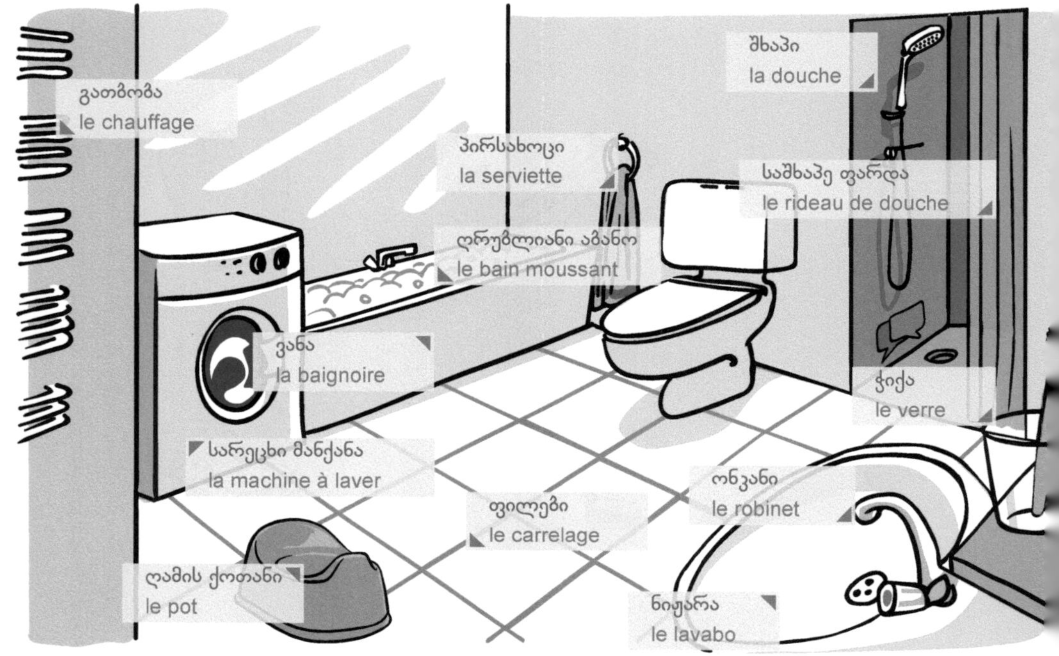

გათბობა
le chauffage
პირსახოცი
la serviette
ღრუბლიანი აბანო
le bain moussant
შხაპი
la douche
საშხაპე ფარდა
le rideau de douche
ვანა
la baignoire
ჭიქა
le verre
სარეცხი მანქანა
la machine à laver
ონკანი
le robinet
ფილები
le carrelage
ღამის ქოთანი
le pot
ნიჟარა
le lavabo

ტუალეტი

les toilettes

იატაკის ტუალეტი

la toilette à la turque

ბიდე

le bidet

კედლის პისუარი

l'urinoir

ტუალეტის ქაღალდი

le papier toilette

ტუალეტის ჯაგრისი

la brosse à toilette

კბილის ჯაგრისი

la brosse à dents

კბილის პასტა

le dentifrice

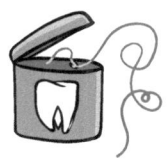

კბილის ძაფი

le fil dentaire

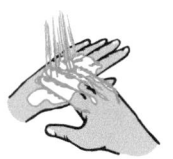

რეცხვა

laver

ხელის შხაპი

la douche manuelle

ინტიმური შხაპი

la douche intime

ტაშტი

la vasque

ზურგის სახეხი ფუნჯი

la brosse dorsale

საპონი

le savon

შხაპის გელი

le gel douche

შამპუნი

le shampooing

ნეჭა

le gant de toilette

სანიაღვრე

l'écoulement

კრემი

la crème

დეოდორანტი

le déodorant

სარკე

....

le miroir

ხელის სარკე

....

le miroir cosmétique

ბრიტვა

....

le rasoir

საპარსი ქაფი

....

la mousse à raser

საშუალება გაპარსვის შემდეგ

....

l'après-rasage

სავარცხელი

....

la peigne

ჯაგრისი

....

la brosse

თმის საშრობი

....

le sèche-cheveux

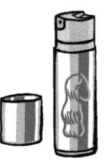

თმის ლაქი

....

la laque pour cheveux

კოსმეტიკა

....

le fond de teint

ტუჩების პომადა

....

le rouge à lèvres

ფრჩხილის ლაქი

....

le vernis à ongles

ბამბა

....

l'ouate

ფრჩხილის მაკრატელი

....

le coupe-ongles

სუნამო

....

le parfum

კოსმეტიკის ჩანთა

la trousse de toilette

ტაბურეტი

le tabouret

სასწორი

le pèse-personne

სააბაზანო ხალათი

le peignoir

რეზინის ხელთათმანები

les gants de nettoyage

ტამპონი

le tampon

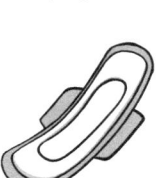

ანიტარული პირსახოცი

s serviettes hygiéniques

ბიო-ტუალეტი

la toilette chimique

საბავშვო ოთახი
la chambre d'enfant

მაღვიძარა
le réveil
რბილი სათამაშო
le doudou
სათამაშო მანქანა
la voiture jouet
ჩხარუნა სათამაშო
le hochet
თოჯინების სახლი
la maison de poupée
საჩუქარი
le cadeau

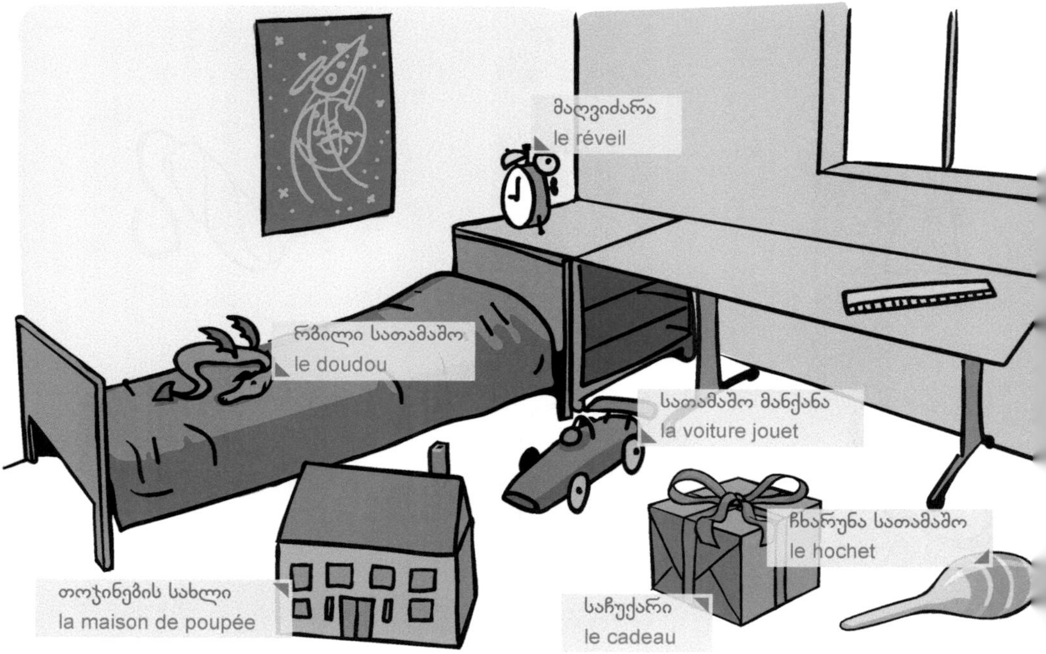

ბუშტი
le ballon

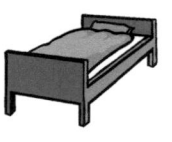

ლოგინი
le lit

საბავშვო ეტლი
la poussette

კარტის თამაში
le jeu de cartes

პაზლი
le puzzle

კომიკსი
la bande dessinée

ლეგოს აგურები

les pièces lego

ასაშენებელი კუბიკები

les blocs de construction

სათამაშო ფიგურა

la figurine

საცოცავი

la grenouillère

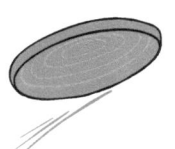

ფრისბი

le frisbee

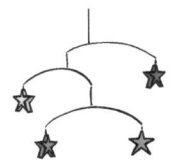

მობილე

le mobile

სამაგიდო თამაში

le jeu de société

კამათელი

le dé

რკინიგზის მოდელი

le train miniature

საწოვარა

la sucette

წვეულება

la fête

წიგნი ნახატებით

le livre d'images

ბურთი

la balle

თოჯინა

la poupée

თამაში

jouer

საქვიშარი

le bac à sable

საქანელა

la balançoire

სათამაშოები

les jouets

ვიდეო თამაშის კონსოლი

la console de jeu

სამთვლიანი ველოსიპედი

le tricycle

დათუნია

l'ours en peluche

გარდერობი

l'armoire

ტანსაცმელი

les vêtements

წინდები

les chaussettes

ჩულქები

les bas

კოლგოტები

le collant

შარფი
l'écharpe

ქამარი
la ceinture

ქოლგა
le parapluie

მკლავებიანი მაისური
le t-shirt

ბოტასები
les baskets

ფეხსაცმელი
les bottes

ჩუსტები
les pantoufles

სანდლები

les sandales

ფეხსაცმელი

les chaussures

რეზინის ჩექმები

les bottes de caoutchouc

ტრუსები

les sous-vêtements

ბიუსჰალტერი

le soutien-gorge

მაისური

le maillot de corps

ტანსაცმელი - les vêtements 45

სხეული

le body

შარვალი

le pantalon

ჯინსი

le jean

ქვედაკაბა

la jupe

ბლუზი

le chemisier

პერანგი

la chemise

სვიტრი

le pull

კაპიუშონიანი ჟაკეტი

le sweat à capuche

სპორტული ქურთუკი

la veste

ჟაკეტი

la veste

პალტო

le manteau

საწვიმარი

l'imperméable

კოსტუმი

le costume

კაბა

la robe

საქორწილო კაბა

la robe de mariée

კაცის კოსტიუმი

le costume

ღამის პერანგი

la chemise de nuit

პიჟამოები

le pyjama

სარი

le sari

თავშალი

le foulard

ტურბანი

le turban

ჩადრი

la burqa

ხიფთანი

le caftan

აბაია

l'abaya

საცურაო კოსტუმი

le maillot de bain

ჩემოდნები

le maillot de bain

შორტები

le short

სპორტული კოსტიუმი

la tenue d'entraînement

წინსაფარი

le tablier

ხელთათმანები

les gants

ღილი

le bouton

სათვალეები

les lunettes

სამაჯური

le bracelet

ყელსაბამი

le collier

ბეჭედი

la bague

საყურე

la boucle d'oreille

კეპი

le bonnet

საკიდი

le cintre

ქუდი

le chapeau

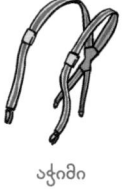

ჰალსტუხი

la cravate

ელვა-შესაკრავის შეკვრა

la fermeture éclair

ჩაფხუტი

le casque

აჭიმი

les bretelles

სკოლის ფორმა

l'uniforme scolaire

ფორმა

l'uniforme

ბავშვის წინსაფარი

le bavoir

საწოვარა

la sucette

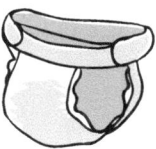

პამპერსი

la lange

ოფისი

le bureau

სერვერი
le serveur
საკანცელარიო კარადა
l'armoire d'archivage
პრინტერი
l'imprimante
ქაღალდი
e papier
მონიტორი
l'écran
თაგვი
la souris
მაგიდა
საქაღალდე
le classeur
კლავიატურა
le clavier
თა ნარჩენი ქაღალდებისათვის
beille à papier
კომპიუტერი
l'ordinateur
სკამი
la chaise

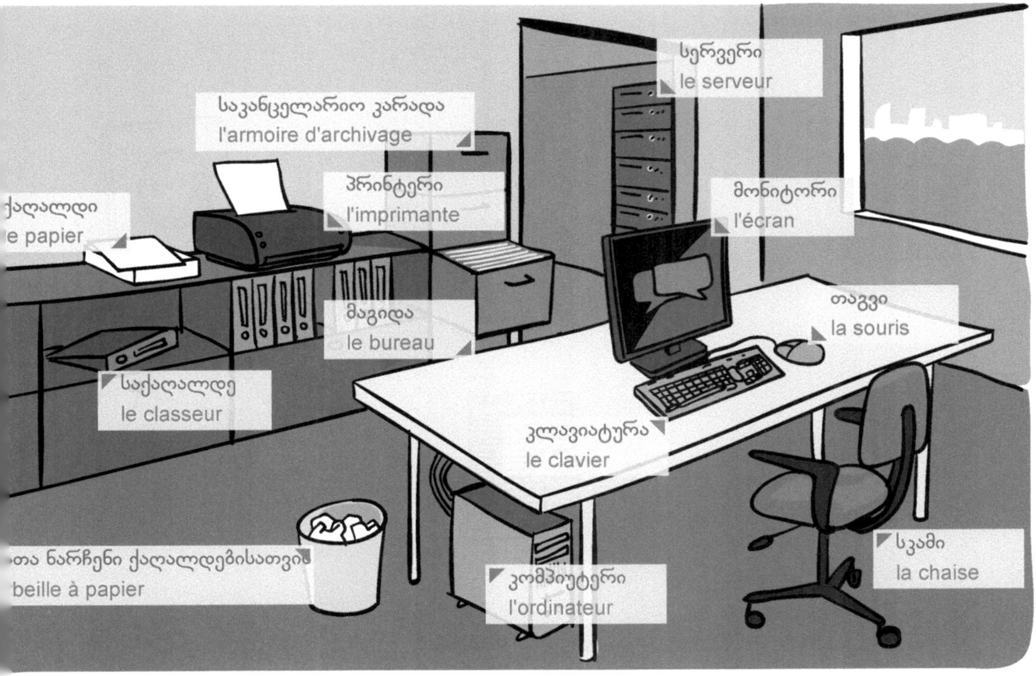

ყავის ფინჯანი

la tasse de café

კალკულატორი

la calculatrice

ინტერნეტი

l'internet

ლეპტოპი

l'ordinateur portable

წერილი

la lettre

მესიჯი

le message

მობილური ტელეფონი

le portable

ქსელი

le réseau

სკანერი

la photocopieuse

პროგრამული
უზრუნველყოფა
le logiciel

ტელეფონი

le téléphone

როზეტი

la prise

ფაქსის მანქანა

le fax

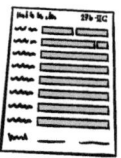

ფორმულარი

le formulaire

დოკუმენტი

le document

ეკონომიკა
l'économie

ყიდვა

acheter

გადახდა

payer

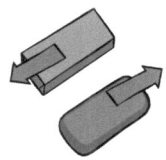

ვაჭრობა

faire du commerce

ფული

la monnaie

დოლარი

le dollar

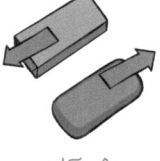

ევრო

l'euro

იენი

le yen

რუბლი

le rouble

შვეიცარული ფრანკი

le franc suisse

ჟენმინბი იუანი

le renminbi yuan

რუპი

la roupie

ბანკომატი

le distributeur automatique

ვალუტის გადაცვლის პუნქტი
le bureau de change

ოქრო
l'or

ვერცხლი
l'argent

ნავთობი
le pétrole

ენერგია
l'énergie

ფასი
le prix

ხელშეკრულება
le contrat

გადასახადი
la taxe

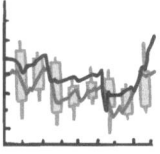

აქცია
l'action

მუშაობა
travailler

თანამშრომელი
l'employé

დამსაქმებელი
l'employeur

ქარხანა
l'usine

მაღაზია
le magasin

პროფესიები
les professions

პოლიციის ოფიცერი
l'agent de police
მეხანძრე
le pompier
მზარეული
le cuisinier
ექიმი
le médecin
მფრინავი
le pilote

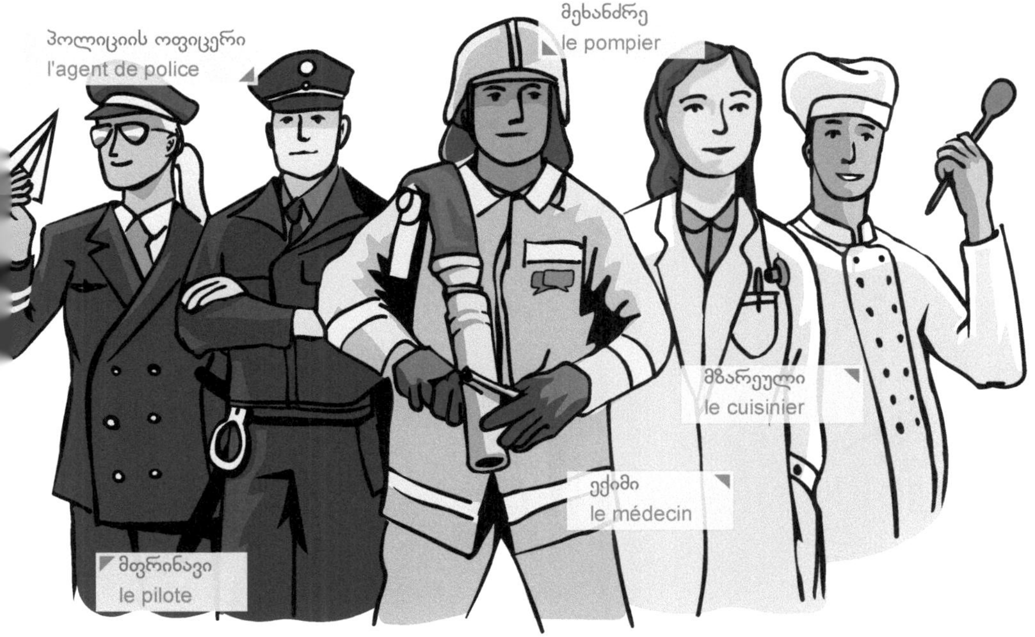

მებაღე

le jardinier

დურგალი

le menuisier

თეთრეულის მკერავი ქალბატონი

la couturière

მოსამართლე

le juge

ქიმიკოსი

le chimiste

მსახიობი

l'acteur

ავტობუსის მძღოლი

le conducteur de bus

ტაქსის მძღოლი

le chauffeur de taxi

მეთევზე

le pêcheur

დამლაგებელი ქალბატონი

la femme de ménage

სახურავის ოსტატი

le couvreur

მიმტანი

le serveur

მონადირე

le chasseur

ფერმწერი

le peintre

მცხობელი

le boulanger

ელექტრიკოსი

l'électricien

მშენებელი

l'ouvrier

ინჟინერი

l'ingénieur

ყასაბი

le boucher

სანტექნიკოსი

le plombier

ფოსტალიონი

le facteur

ჯარისკაცი

le soldat

არქიტექტორი

l'architecte

მოლარე

le caissier

ფლორისტი

le fleuriste

პარიკმახერი

le coiffeur

კონდუქტორი

le contrôleur

მექანიკოსი

le mécanicien

კაპიტანი

le capitaine

სტომატოლოგი

le dentiste

მეცნიერი

le scientifique

რაბინი

le rabbin

იმამი

l'imam

ბერი

le moine

სასულიერო პირი

le prêtre

იარაღები

les outils

ჩაქუჩი
le marteau
ბრტყელტუჩა
les pinces
სახრახნისი
le tournevis
ქანჩის გასაღები
la clé
ჯიბის სანათი
la torche

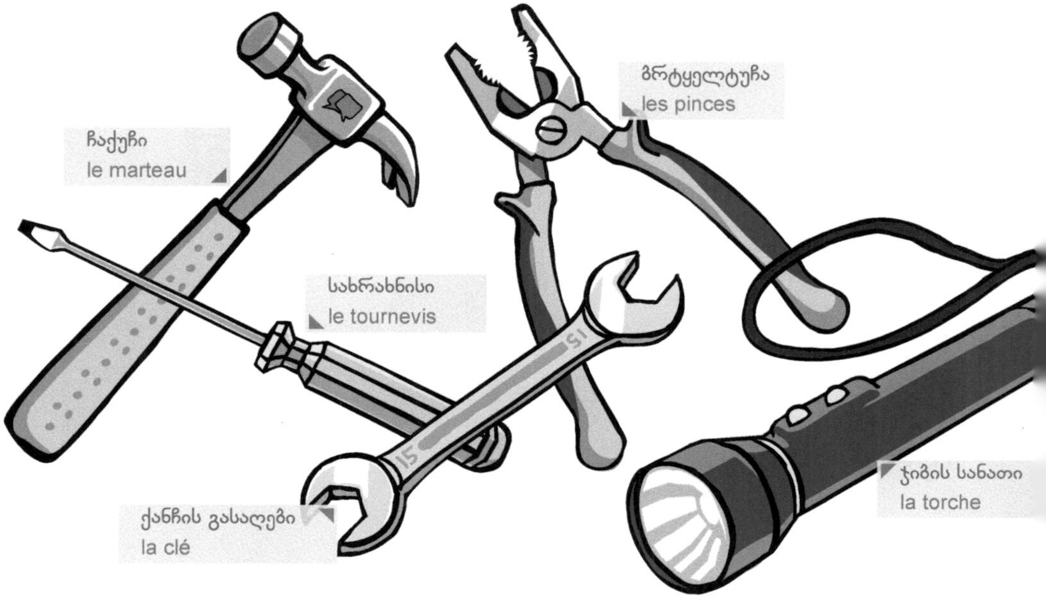

ექსკავატორი

la pelleteuse

იარაღების ყუთი

la boîte à outils

კიბე

l'échelle

ხერხი

la scie

ლურსმები

les clous

საბურღი

la perceuse

შეკეთება

réparer

ნიჩაბი

la pelle

ანდაბა!

Mince !

აქანდაზი

la pelle

საღებავის ქოთანი

le pot de peinture

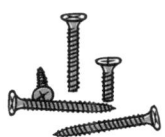

ხრახნები

les vis

მუსიკალური ინსტრუმენტები

les instruments de musique

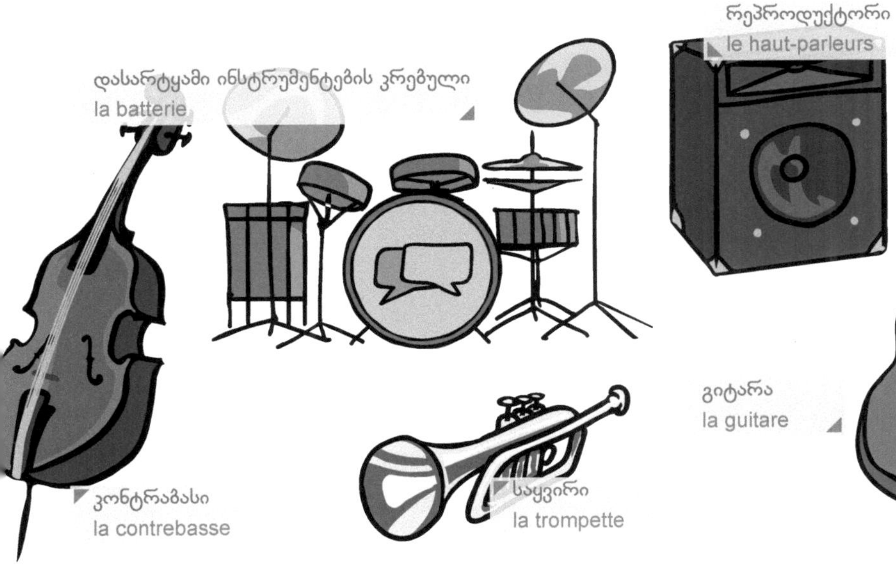

რეპროდუქტორი
le haut-parleurs
დასარტყამი ინსტრუმენტების კრებული
la batterie
გიტარა
la guitare
კონტრაბასი
la contrebasse
საყვირი
la trompette

ფორტეპიანო

le piano

ვიოლინო

le violon

ბასი

la basse

ტიმპანონი

les timbales

დასარტყამები

le tambour

კლავიშები

le piano électrique

საქსოფონი

le saxophone

ფლეიტა

la flûte

მიკროფონი

le microphone

მუსიკალური ინსტრუმენტები - les instruments de musique

ვეფხვი
le tigre

შესასვლელი
l'entrée

გალია
la cage

ზებრა
le zèbre

ცხოველთა საკვები
l'alimentation animale

პანდა
le panda

ცხოველები
les animaux

სპილო
l'éléphant

კენგურუ
le kangourou

მარტორქა
le rhinocéros

გორილა
le gorille

დათვი
l'ours

აქლემი

le chameau

სირაქლემა

l'autruche

ლომი

le lion

მაიმუნი

le singe

ფლამინგო

le flamand rose

თუთიყუში

le perroquet

პოლარული დათვი

l'ours polaire

პინგვინი

le pingouin

ზვიგენი

le requin

ფარშევანგი

le paon

გველი

le serpent

ნიანგი

le crocodile

ზოოპარკის მფლობელი

le gardien de zoo

სელაპი

le phoque

იაგუარი

le jaguar

პონი

le poney

ლეოპარდი

le léopard

ბეჰემოტი

l'hippopotame

ჟირაფი

la girafe

არწივი

l'aigle

ტახი

le sanglier

თევზი

le poisson

კუ

la tortue

მორჟი

le morse

მელა

le renard

გაზელი

la gazelle

სპორტი

les sports

ამერიკული ფეხბურთი
l'american Football
ველოსპორტი
le cyclisme
ჩოგბურთი
le tennis
კალათბურთი
le basket-ball
ცურვა
la natation
ყინულის ჰოკეი
le hockey sur glace
კრივი
la boxe

ფეხბურთი

le football

ბადმინტონი

le badminton

მძლეოსნობა

l'athlétisme

ხელბურთი

le handball

სათხილამურო სპორტი

le ski

წყლის პოლო

le polo

მოქმედებები
les activités

გადახტომა
sauter
ჩახუტება
embrasser
დაცინვა
rire
სეირნობა
marcher
სიმღერა
chanter
ოცნებობა
rêver
ლოცვა
prier
კოცნა
faire la bise

წერა
écrire

დახატვა
dessiner

ჩვენება
montrer

დაჭერა
pousser

მიცემა
donner

აღება
prendre

ქონა

avoir

კეთება

faire

ყოფნა

être

დგომა

être debout

გარბენა

courir

მოქაჩვა

trier

გადაყრა

jeter

დაცემა

tomber

ტყუილის თქმა

être couché

მოცდენა

attendre

ტარება

porter

ჯდომა

être assis

ჩაცმა

s'habiller

ძილი

dormir

გაღვიძება

se réveiller

დათვალიერება

regarder

ტირილი

pleurer

გაუთოება

caresser

დავარცხნა

peigner

ლაპარაკი

parler

გაგება

comprendre

შეკითხვა

demander

მოსმენა

écouter

დალევა

boire

ჭამა

manger

დალაგება

ranger

ყვარება

aimer

კერძების მზადება

cuire

სვლა

conduire

ფრენა

voler

აფრის ქვეშ სიარული

faire de la voile

გამოთვლა

calculer

წაკითხვა

lire

შესწავლა

apprendre

მუშაობა

travailler

ქორწინება

se marier

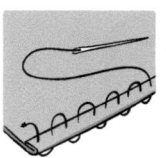

კერვა

coudre

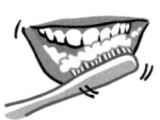

კბილების ხეხვა

brosser les dents

მოკვლა

tuer

მოწევა

fumer

გაგზავნა

envoyer

ბია
grand-mère

ბაბუა
le grand-père

მამა
le père

დედა
la mère

ბავშვი
le bébé

ქალიშვილი
la fille

ვაჟიშვილი
le fils

სტუმარი
l'hôte

დეიდა
la tante

ბიძა
l'oncle

ძმა
le frère

და
la sœur

სხეული

le corps

le front
თვალი
l'œil
მხარი
l'épaule
თითი
le doigt
სახე
le visage
ნიკაპი
le menton
ხელი
la main
მკერდი
la poitrine
ფეხი
la jambe
მკლავი
le bras

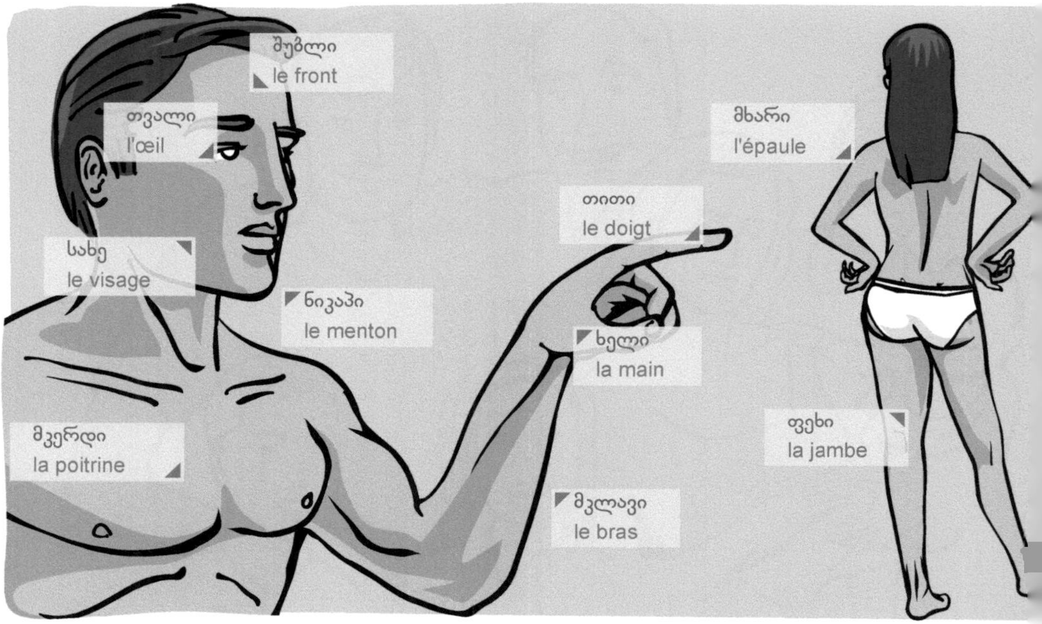

ბავშვი

le bébé

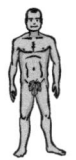

კაცი

l'homme

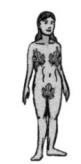

ქალი

la femme

გოგო

la fille

ბიჭი

le garçon

თავი

la tête

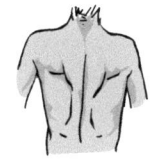

ზურგი

le dos

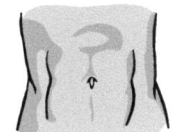

მუცელი

le ventre

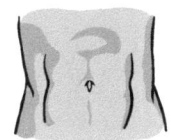

ჭიპი

le nombril

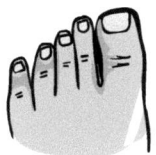

ფეხის თითი

l'orteil

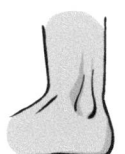

ქუსლი

le talon

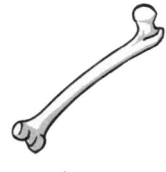

ძვალი

l'os

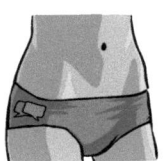

ბარძაყი

la hanche

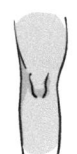

მუხლი

le genou

იდაყვი

le coude

ცხვირი

le nez

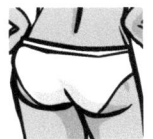

დუნდულა

les fesses

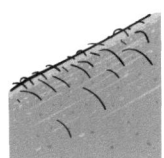

კანი

la peau

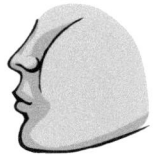

ლოყა

la joue

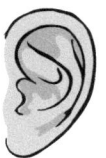

ყური

l'oreille

ტუჩი

la lèvre

პირი

la bouche

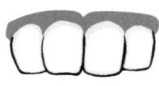

კბილი

la dent

ენა

la langue

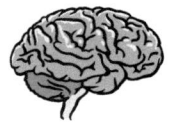

ტვინი

le cerveau

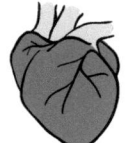

გული

le cœur

კუნთი

le muscle

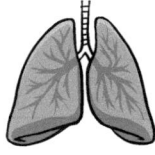

ფილტვი

les poumons

ღვიძლი

le foie

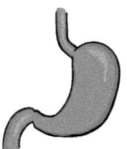

კუჭი

l'estomac

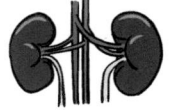

თირკმელები

les reins

სექსი

le rapport sexuel

პრეზერვატივი

le préservatif

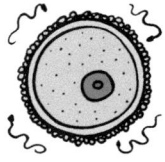

კვერცხუჯრედი

l'ovule

სპერმა

le sperme

ორსულობა

la grossesse

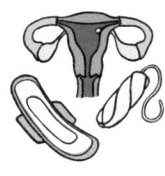

მენსტრუაცია

la menstruation

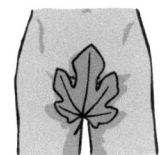

საშო

le vagin

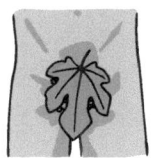

პენისი

le pénis

წარბი

le sourcil

თმა

les cheveux

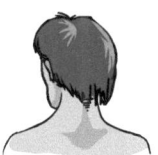

კისერი

le cou

საავადმყოფო
l'hôpital

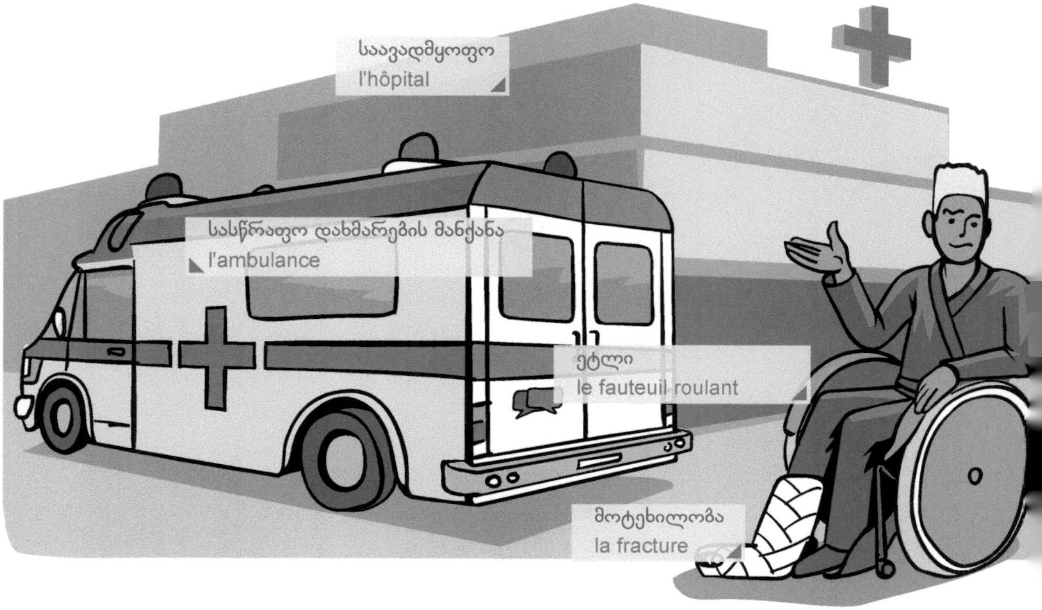

საავადმყოფო
l'hôpital
სასწრაფო დახმარების მანქანა
l'ambulance
ეტლი
le fauteuil roulant
მოტეხილობა
la fracture

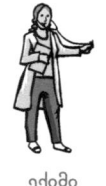

ექიმი

le médecin

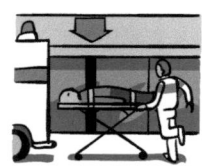

პირველი დახმარების ოთახი

le service des urgences

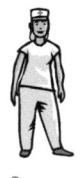

მედდა

l'infirmière

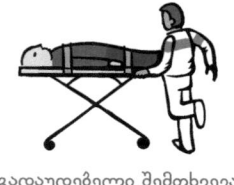

გადაუდებელი შემთხვევა

l'urgence

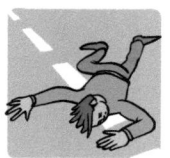

უგონოდ მყოფი

inconscient

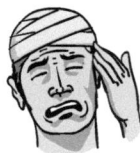

ტკივილი

la douleur

დაზიანება

la blessure

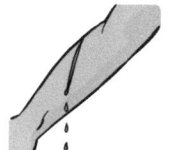

სისხლდენა

l'hémorragie

გულის შეტევა

la crise cardiaque

ინსულტი

l'attaque cérébrale

ალერგია

l'allergie

ხველა

la toux

ცხელება

la fièvre

გრიპი

la grippe

დიარეა

la diarrhée

თავის ტკივილი

le mal de tête

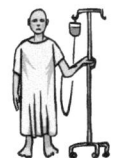

კიბო

le cancer

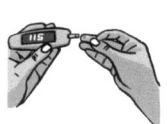

დიაბეტი

le diabète

ქირურგი

le chirurgien

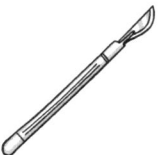

სკალპელი

le scalpel

ოპერაცია

l'opération

კტ

le CT

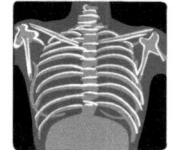

რენტგენი

la radiographie

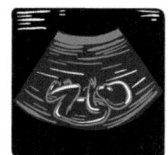

ულტრაბგერა

l'échographie

ნიღაბი

le masque

დაავადება

la maladie

მოსაცდელი ოთახი

la salle d'attente

ყავარჯენი

la béquille

თაბაშირი

le pansement

ბინტი

le pansement

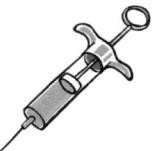

ინექცია

l'injection

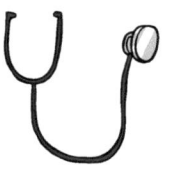

სტეტოსკოპი

le stéthoscope

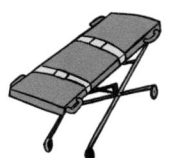

საკაცე

le brancard

თერმომეტრი

le thermomètre

დაბადება

l'accouchement

ჭარბი წონა

la surcharge pondérale

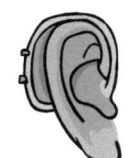

სმენის აპარატი

l'appareil auditif

სადეზინფექციო საშუალება

le désinfectant

ინფექცია

l'infection

ვირუსი

le virus

აივ / შიდსი

le VIH / le sida

წამალი

le médicament

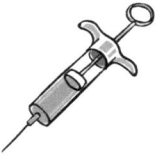

ვაქცინაცია

la vaccination

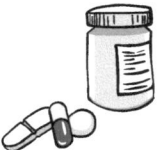

ტაბლეტები

les comprimés

აბი

la pilule

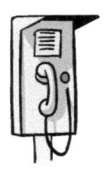

დაუდებელი გამოძახება

l'appel d'urgence

წნევის საზომი აპარატი

le tensiomètre

ავადმყოფი / ჯანმრთელი

malade / sain

დამეხმარეთ!

Au secours !

განგაში

l'alarme

თავდასხმა

l'assaut

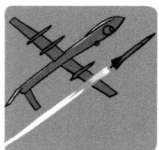

შეტევა

l'attaque

საფრთხე

le danger

სათადარიგო გასასვლელი

la sortie de secours

ხანძარი!

Au feu!

ცეცხლსაქრობი

l'extincteur

უბედური შემთხვევა

l'accident

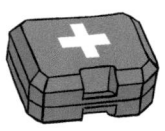

პირველადი დახმარების აფთიაქი

la trousse de premier secours

SOS

SOS

პოლიცია

la police

ევროპა

l'Europe

ჩრდილოეთ ამერიკა

l'Amérique du Nord

სამხრეთ ამერიკა

l'Amérique du Sud

აფრიკა

l'Afrique

აზია

l'Asie

ავსტრალია

l'Australie

ატლანტიკა

l'Océan atlantique

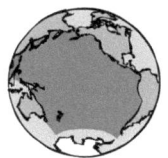

წყნარი ოკეანე

l'Océan pacifique

ინდოეთის ოკეანე

l'Océan indien

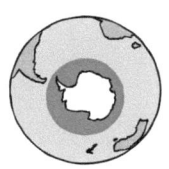

ანტარქტიკის ოკეანე

l'Océan antarctique

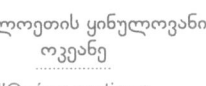

ჩრდილოეთის ყინულოვანი
ოკეანე

l'Océan arctique

ჩრდილოეთ პოლუსი

le Pôle nord

სამხრეთ პოლუსი

le Pôle sud

ანტარქტიდა

l'Antarctique

დედამიწა

la terre

ხმელეთი

le pays

ზღვა

la mer

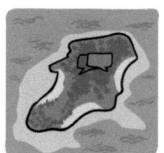

კუნძული

l'île

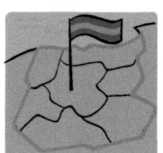

ერი

la nation

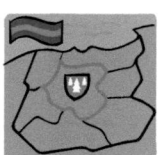

სახელმწიფო

l'état

საათი

...heure(s)

ციფერბლატი

le cadran

საათების ისარი

l'aiguille des heures

წუთების ისარი

l'aiguille des minutes

წამების ისარი

'aiguille des secondes

რომელი საათია?

Quelle heure est-il ?

დღე

le jour

დრო

le temps

ახლა

maintenant

ციფრული საათი

la montre digitale

წუთი

la minute

საათი

l'heure

კვირა
la semaine

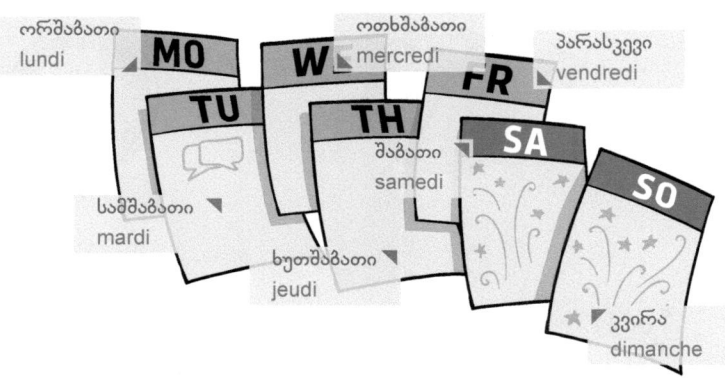

ორშაბათი lundi · **MO**
სამშაბათი mardi · **TU**
W · mercredi ოთხშაბათი
ხუთშაბათი jeudi · **TH**
FR · vendredi პარასკევი
შაბათი samedi · **SA**
SO · dimanche კვირა

გუშინ

hier

დღეს

aujourd'hui

ხვალ

demain

დილა

le matin

შუადღე

le midi

საღამო

le soir

MO	TU	WE	TH	FR	SA	SU
1	2	3	4	5	6	7
8	9	10	11	12	13	14
15	16	17	18	19	20	21
22	23	24	25	26	27	28
29	30	31	1	2	3	4

სამუშაო დღეები

les jours ouvrables

MO	TU	WE	TH	FR	SA	SU
1	2	3	4	5	6	7
8	9	10	11	12	13	14
15	16	17	18	19	20	21
22	23	24	25	26	27	28
29	30	31	1	2	3	4

შაბათი-კვირა

le week-end

წვიმა
la pluie
ცისარტყელა
l'arc-en-ciel
თოვლი
la neige
ქარი
le vent
გაზაფხული
le printemps
შემოდგომა
l'automne
ზაფხული
l'été
ზამთარი
l'hiver

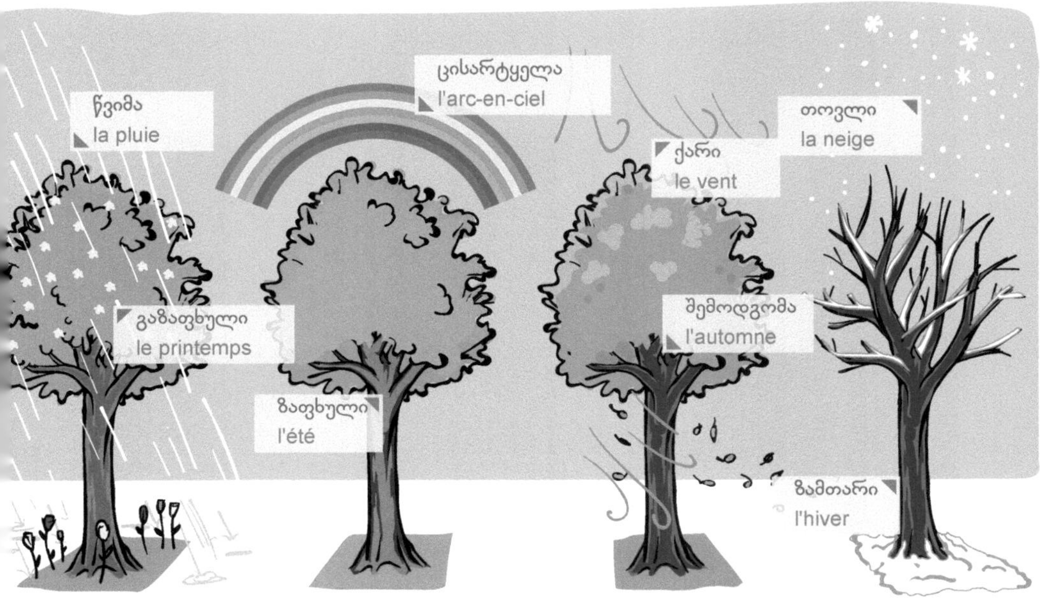

ამინდის პროგნოზი

la météo

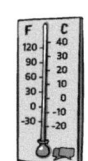

C

თერმომეტრი

le thermomètre

მზის სხივი

la lumière du soleil

ღრუბელი

le nuage

ნისლი

le brouillard

ტენიანობა

l'humidité

ელვა

la foudre

ქუხილი

la tonnerre

შტორმი

la tempête

სეტყვა

la grêle

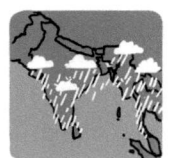

მუსონი

la mousson

წყალდიდობა

l'inondation

ყინული

la glace

იანვარი

janvier

თებერვალი

février

მარტი

mars

აპრილი

avril

მაისი

mai

ივნისი

juin

ივლისი

juillet

აგვისტო

août

სექტემბერი

septembre

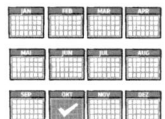

ოქტომბერი

octobre

ნოემბერი

novembre

დეკემბერი

décembre

ფორმები
les formes

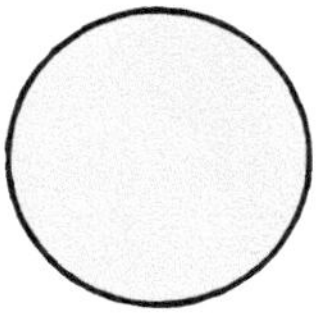

წრე

le cercle

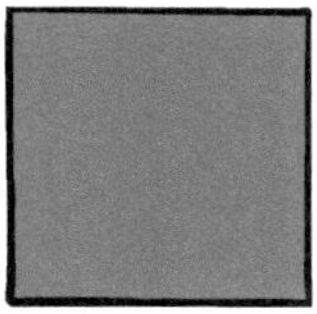

კვადრატი

le carré

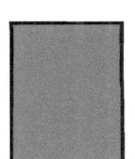

მართკუთხედი

le rectangle

სამკუთხედი

le triangle

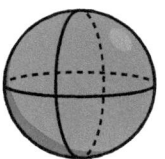

სფერო

la sphère

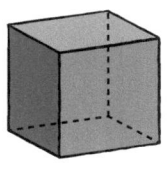

კუბი

le cube

ფერები
les couleurs

თეთრი

blanc

ყვითელი

jaune

ნარინჯისფერი

orange

ვარდისფერი

rose

წითელი

rouge

იისფერი

violet

ცისფერი

bleu

მწვანე

vert

ყავისფერი

marron

ნაცრისფერი

gris

შავი

noir

საპირისპიროები
les oppositions

ბევრი / ცოტა

beaucoup / peu

გაბრაზებული / მშვიდი

fâché / calme

ლამაზი / მახინჯი

joli / laid

ასაწყისი / დასასრული

le début / la fin

დიდი / პატარა

grand / petit

ნათელი / მუქი

clair / obscure

ძმა / და

frère / soeur

სუფთა / ჭუჭყიანი

propre / sale

სრული / არასრული

complet / incomplet

დღე / ღამე

le jour / la nuit

მკვდარი / ცოცხალი

mort / vivant

განიერი / ვიწრო

large / étroit

საჭმელად ვარგისი / საჭმელად უვარგისი

comestible / incomestible

ბოროტი / კეთილი

méchant / gentil

შთამბეჭდავი / მოსაწყენი

excité / ennuyé

სქელი / თხელი

gros / mince

პირველი / ბოლო

le premier / le dernier

მეგობარი / მტერი

l'ami / l'ennemi

სრული / ცარიელი

plein / vide

მყარი / რბილი

dur / souple

მძიმე / მსუბუქი

lourd / léger

მოშიებული / მწყურვალე

faim / soif

ავადმყოფი / ჯანმრთელი

malade / sain

არალეგალური / ლეგალური

illégal / légal

ინტელექტუალი / სულელი

intelligent / stupide

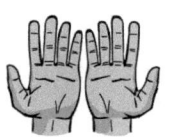

მარცხენა / მარჯვენა

gauche / droite

ახლოს / შორს

proche / loin

ახალი / გამოყენებული

nouveau / usé

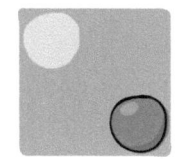

არაფერი / რაღაცა

rien / quelque chose

მოხუცი / ახალგაზრდა

vieux / jeune

ჩართვა / გამორთვა

marche / arrêt

ღია / დახურული

ouvert / fermé

ჩუმი / ხმამაღალი

faible / fort

მდიდარი / ღარიბი

riche / pauvre

მართალი / მტყუანი

correct / incorrect

უხეში / გლუვი

rugueux / lisse

სევდიანი / ბედნიერი

triste / heureux

მოკლე / გრძელი

court / long

ნელი / სწრაფი

lent / rapide

სველი / მშრალი

mouillé / sec

თბილი / გრილი

chaud / froid

ომი / მშვიდობა

la guerre / la paix

რიცხვები
les nombres

0

ნული

zéro

1

ერთი

un / une

2

ორი

deux

3

სამი

trois

4

ოთხი

quatre

5

ხუთი

cinq

6

ექვსი

six

7

შვიდი

sept

8

რვა

huit

9

ცხრა

neuf

10

ათი

dix

11

თერთმეტი

onze

12

თორმეტი

douze

13

ცამეტი

treize

14

თოთხმეტი

quatorze

15

თხუთმეტი

quinze

16

თექვსმეტი

seize

17

ჩვიდმეტი

dix-sept

18

თვრამეტი

dix-huit

19

ცხრამეტი

dix-neuf

20

ოცი

vingt

100

ასი

cent

1.000

ათასი

mille

1.000.000

მილიონი

le million

ენები
les langues

ინგლისური

l'anglais

ამერიკული ინგლისური

l'anglais américain

ჩინური მანდარინი

le chinois mandarin

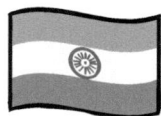

ჰინდი

le hindi

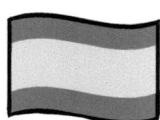

ესპანური

l'espagnol

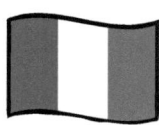

ფრანგული

le français

არაბული

l'arabe

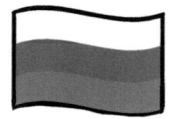

რუსული

le russe

პორტუგალიური

le portugais

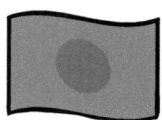

ბენგალური

le bengali

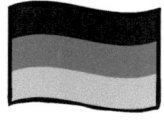

გერმანული

l'allemand

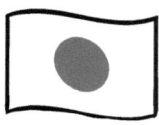

იაპონური

le japonais

ვინ / რა / როგორ
qui / quoi / comment

მე
je

შენ
tu

ის / ის / იგი
il / elle / ce, c', cela

ჩვენ
nous

თქვენ
vous

ისინი
ils / elles

ვინ?
Qui ?

რა?
Quoi ?

როგორ?
Comment ?

სად?
Où ?

როდის?
Quand ?

სახელი
le nom

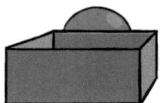

სად
où

უკან

derrière

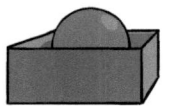

შიგნით

dans

წინ

devant

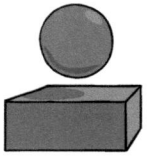

ზედ

au-dessus

=-ზე

sur

ქვეშ

en-dessous

გვერდით

à côté de

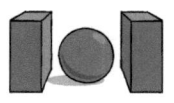

შორის

entre

ადგილი

le lieu